UNA AVENTURA DE **MORTADELO Y FILEMÓN**

PARÍS 2024

GUION E ILUSTRACIONES DE
F. IBÁÑEZ

BRUGUERA

Papel certificado por el Forest Stewardship Council®

MIXTO
Papel | Apoyando la silvicultura responsable
FSC® C117695

Penguin Random House Grupo Editorial

Primera edición: abril de 2024

© 2024, Herederos de Francisco Ibáñez
© 2024, Penguin Random House Grupo Editorial, S.A.U.
Travessera de Gràcia, 47-49. 08021 Barcelona
© Guion e ilustraciones: Francisco Ibáñez
© 2024, Arturo Pérez-Reverte, por el prólogo
© 2024, Jordi Canyissà, por el epílogo

Diseño de cubierta: Penguin Random House Grupo Editorial / Lourdes Bigorra

Penguin Random House Grupo Editorial apoya la protección del *copyright*.
El *copyright* estimula la creatividad, defiende la diversidad en el ámbito de las ideas y el conocimiento, promueve la libre expresión y favorece una cultura viva. Gracias por comprar una edición autorizada de este libro y por respetar las leyes del *copyright* al no reproducir, escanear ni distribuir ninguna parte de esta obra por ningún medio sin permiso. Al hacerlo está respaldando a los autores y permitiendo que PRHGE continúe publicando libros para todos los lectores.
Diríjase a CEDRO (Centro Español de Derechos Reprográficos, http://www.cedro.org) si necesita fotocopiar o escanear algún fragmento de esta obra.

Printed in Spain – Impreso en España

ISBN: 978-84-02-42970-4
Depósito legal: B-1728-2024

Escaneo de originales por Rubén Larrea
Compuesto por Joseba Beramendi (Exprai)

Impreso en Soler Talleres Gráficos
Esplugues de Llobregat (Barcelona)

BG29704

Nota del editor

Este álbum suma el número 222 de la mítica colección Magos del Humor y cierra la serie de cómic más longeva y popular del cómic español: Mortadelo y Filemón. Sesenta y cinco años y más de doce mil páginas después, *París 2024* es la última aventura que protagonizan los agentes de la T.I.A. y la última entrega de su incombustible autor, el gran maestro Francisco Ibáñez.

París 2024 es un álbum al más puro estilo Ibáñez: divertido, irreverente y lleno de dinamismo y talento. En esta ocasión, las Olimpiadas vuelven a llevar a los agentes más notables a embarcarse en una misión alocada para salvar el evento deportivo más importante del mundo. Pero también es una experiencia única e íntima, y, sobre todo, historia del cómic: una ventana indiscreta que nos permite apreciar y disfrutar de ver cómo funciona la mente de un genio; de ser testigos de un proceso de creación, hasta ahora oculto en la intimidad de su mesa de trabajo, que marcó sus días y que está presente, si bien velado por el resultado final, en todas y cada una de sus obras.

Este libro recoge su legado, inacabado y eterno: diecinueve páginas de guion y veinte páginas a lápiz. Ibáñez, siempre alegre y metódico, llevaba sus páginas hasta la editorial, carpeta en mano: interiores a lápiz minucioso, guiones a máquina, guardas y cubiertas entintadas. Para *París 2024*, Ibáñez nos compartió su avance durante el proceso en dos entregas y tenía lista una tercera entrega que esperábamos con ganas, pues también significaba verle y hablar con él riéndose entre dientes de todo. Una de sus últimas ocasiones coincidió con la visita de un grupo escolar en la editorial. Fue emocionante, también para él, ver cómo los niños lo reconocían y se quedaban atónitos ante su presencia. Todas las generaciones saben que hay algo en el creador de Mortadelo y Filemón que es trascendental, heroico y emotivo. La última entrega la pudimos ver gracias a su hija, Nuria Ibáñez, a quien agradecemos de todo corazón su colaboración y cariño. Es así como hoy podemos ser todos testigos de algo que no habíamos visto nunca, hasta ahora: el boceto, lo que hay antes de que el autor lo dé por entregable, lo que había en su tabla de dibujo, ahí donde pasaba casi todas las horas del reloj.

Cada marca en el papel, cada línea situada al milímetro, cada indicación en el guion... Este proceso da buena muestra de la visión, el saber hacer y, sobre todo, la dedicación de su creador, una dedicación que emociona y nos deja entrever su pasión por el oficio.

Su talento inmenso, su curiosidad innata, su esfuerzo constante y sus ganas de aprender eternas transformaron el panorama nacional y configuraron nuestro sentido del humor y nuestra visión del mundo. Sin él, sencillamente no seríamos lo mismo. Este libro es un homenaje a él y a su alegría de vivir, y, también, un regalo para todos los lectores que hemos crecido con sus obras. ●

Socarrón, divertido, gamberro

Arturo Pérez-Reverte
De la Real Academia Española

Francisco Ibáñez, guionista y dibujante a mucha honra, no es sólo el más popular autor de historietas de España, sino que forma parte indiscutible, por derecho propio, de la gran historia de nuestra literatura. Nadie convirtió nunca a tantos niños en lectores adultos como lo hizo él, nadie nos infundió con tan asombroso éxito el hábito y la pasión por la lectura, nadie llegó a influir tanto generación tras generación, mucho más allá de las viñetas y de los personajes, en el tipo de humor fatalista, disparatado y genial que es tan propio de los españoles, de nuestro lenguaje e incluso de nuestra forma de encarar la vida.

Fue la de Ibáñez una larga y fértil existencia, una extensa aventura, una ingente obra. De aquellas historietas de tebeo con Mortadelo y Filemón, nacidos en 1958, hasta este *París 2024* que dejó inconcluso, han transcurrido sesenta y seis años fructíferos y geniales que pueblan nuestro mundo imaginario hasta convertirlo prácticamente en real, con una nómina de personajes que hoy nos parecen ya tan inmortales como los más ilustres de la gran literatura, pues con ellos se codean sin complejos: Rompetechos, el botones Sacarino, Pepe Gotera y Otilio, 13, Rue del Percebe… Todos esos caracteres, sus andanzas, sus gestos, su lenguaje se inscriben por derecho propio en la gran tradición de la literatura picaresca y popular española, de la que son obvios herederos y continuadores.

Desde el comienzo de su mejor momento, la edad dorada que se inició en 1969 con *El sulfato atómico*, y alternándolos con otras historias de Mortadelo y Filemón, Ibáñez fue dedicando sucesivos episodios a los Juegos Olímpicos; realizarlos se había convertido para él en una especie de tradición, y en el último de ellos estaba ocupado cuando lo alcanzó la muerte. Fiel a sí mismo hasta el final, trabajó la noche antes de morir, dejando las páginas listas sobre la mesa de su estudio. En las semanas anteriores había entregado otras trece, y eso sumaba un total de veinte páginas: casi la mitad de las cuarenta y cuatro convencionales de cada álbum. Todas estaban acabadas a lápiz, aunque todavía sin pasar a tinta ni incorporar los diálogos en los bocadillos

correspondientes. Sólo las onomatopeyas, exclamaciones y demás sonidos —oumpf, tromp, bang, blom, aaagh—, tan ibañescos ellos, tan característicos de su descacharrante estilo, figuraban ya en los lugares adecuados, acompañando las trapisondas de los personajes.

Junto a los dibujos sin entintar, Ibáñez dejó también un valioso documento: los diálogos que no llegó a incorporar y que figuran, mecanografiados, en diecinueve páginas numeradas. Y del mismo modo que en los dibujos, Ibáñez se muestra en esos textos tal como siempre fue: esperpéntico, socarrón, divertido, ingenioso, gamberro, mordaz. Con puntos suspensivos, signos de exclamación, interjecciones de toda clase y mezcla desopilante de francés y español, el autor se chotea de todo y de todos, plantea sorpresas y batacazos, lleva a sus personajes a donde siempre, haciéndonos reconocerlos en sus desastres habituales pero planteados cada vez de manera distinta; y todo eso sin renunciar nunca al humor blanco, la calidez simpática, la ternura amable que son, como siempre fueron, cuño característico del autor, marca indeleble de la casa.

Nunca hasta ahora los lectores fieles a Mortadelo y Filemón habíamos tenido el privilegio de asomarnos al taller del artista, de ver el envés de la trama. Por eso, entre otras cosas, este álbum póstumo es tan importante: porque cierra de manera espléndida una larga vida y una obra prolongada, enorme y genial. Con *París 2024* nos infiltramos casi sigilosamente en el estudio del gran Ibáñez, en la trastienda de su mundo entrañable. Así, con el privilegio de visitar estas páginas asombrosas, nos acercamos de puntillas a la mesa de trabajo para, procurando no molestar al querido artista, atrevernos a echar una silenciosa ojeada de admiración a lo que escribe y dibuja. Y él, consciente de nuestra presencia, observándonos de soslayo desde la eternidad serena de los grandes autores, nos permite mirar por encima de su hombro mientras nos dedica una última sonrisa bondadosa y paciente. ●

1.-(título)

2.-¡Hum! Hoy toca limpieza de orejas, que hace ya veintisiete días que no...

3.-Bueno, un poco de champú para la cabellera y...

4.-Venga, vamos al asunto del desayuno, vamos.

5.-¡GRMBLFJ!

6.-¡GLOP GLOP GLOP!------¡NGAJJJJ!------¡Pues yo le digo que una leche de once meses no está pasada! ¡Manías que agarran, mire!

7.-Me...mejor vamos al bar de la esquina, oiga...-----¡Sí; mejor, mejor!----------¡BRRRLOF!

8.-¡Pues vaya cara ha puesto el camarero! Y eso que le he dejado propina y todo...-------Ya le dije que diez céntimos era mucho, que no le iban a agradecer nada, nada...

9.-A ver...Hoy toca la entrada secreta setecientas cuarenta y ocho, jota...------¡No! ¡Otra vez esa!

.../...

PARIS 2024
PFFFFFF
¡GRMBLFJ!
¡GLOP GLOP GLOP!
¡NGAJJJ!
¡BRRRLOF!
BAR

1.-¡Alguna vez también podían dejarnos entrar por la puerta principal, digo yo!

2.-¡Ah, por fin llegan! El super les espera...¿Dónde está la caja?------¿Caja? ¿Qué caja?

3.-¡La de los gusanos! El super dijo "¡Que pasen esos gusanos en cuanto lleguen!"

4.-¡Ajá, sólo dos horas y cuarto de retraso! Bieeen, misión al canto...¡Tienen que ir a París!

5.-¡Ah, París! ¡Uh la lá! ¡Al Moulin Rouge! ¡A la Opera!------¡A Notre Dame! ¡A la Maison Doré! ¡A...?

6.-¡A las narices! Se han presentado problemas...¡Tienen que ir a la Olimpiada!

7.-Sabía que lo intentarían...¡Je je!

8.-¡He dicho que van a ir a París e irán a París! ¡De largarse con viento fresco, nada!

9.-¡Atiendan, la cosa está con los drones! Esos cacharros que vuelan, ya saben de qué se trata, ¿no?

10.-¡Uh; claro que sí! Mi amiguete Bichéjez, el del zoo, ensayaba enviar un huevo de avestruz a la cámara, con un dron de esos...

11.-¡Pero se le cayó nada más liarse a volar!------Bueno, huevo cascado y aquí no ha pasado nada...

12.-¡Que sí que pasó, que sí! ¡El dron volaba por encima de Remúlez, el guarda bestiajo!

.../...

2-A
PLIC
TROMPE
2-B

1.-Desde entonces, Bichéjez envía los huevos por correo certificado...------Jí, con acuje de rejibo, oiga.

2.-¡Je! ¿Y no recuerda al agente Benito? Enviaba un explosivo experimental al laboratorio...

3.-...y se soltó del gancho del dron cuando empezaba a elevarse...¡Benito está todavía en la U.V.I.! ¡Tiene para once meses!

4.-Bueno, pues ahí está la cosa, ahí...¡Un grupo terrorista intenta jorobar la Olimpiada 2024 a base de drones!

5.-Otros países van a intervenir en el asunto; el F.B.I., Scotland Yard, la Suretè, la Misilbestiova...¡Y nosotros, la T.I.A., también vamos a meter baza!

6.-¡Saldrán inmediatamente hacia París para investigar, fisgar, meter el morro, hasta echar la zarpa a los terroristas esos!

7.-Ya tienen listo el transporte...vehículo biplaza ultimísimo modelo...¡En el parking está a punto! ¡Andando!

8.-Vehículo biplaza, ultimísimo modelo...¡Un deportivo de trescientos caballos! ¡Nos iremos turnando al volante!

9.-"Biplaza...ultimísimo modelo..."

10.-¡Y encima, se agotó la batería!

11.-¡Hey, Pierre! ¿No has entendu un bruit, un ruido ici devant, dans le moteur?------No, je dorm, laisez moi en paix.

12.-Pues quelque chose, alguna cosa ha pegado dans le moteur...Peut etre un pajarraco, un oiseau...Je ne sais pas.

.../...

CORREOS
3-A
BZZZZ..
3-B

1.-Se...se lo dije, jefe...¡Eso que venía de frente no era una vaca vieja despistada, si no un camión de treinte toneladas!------¡NGÁ! [redacted]

2.-Venga, tendremos que buscar la manera de llegar a París.-----Sí...a ver si alguien nos lleva...

3.-¡Ah, mire, se acerca un camión! ¡Le haré señas con el pañuelo!------Pero jefe...

4.-¡MOUUUMPF!

5.-¡Esta vez sí que era una vaca, y no un camión!------¡NGUÉ!

6.-Allí hay un grupo de gente...Les preguntaremos cómo llegar al París ese.

7.-Sí, oui, nosaltres...nous somes turistes...¿Cómo arrivaremos al París ese, a la capitale...?

8.-¡A bas les touristes!------¡Fromage oui, touristes non!------¡Touristes nos quitten le diner, les pommes de terre, tout!------¡Dur et dans la tete!

9.-¡Allons freres de la patrieee, le jour de glorieee, est arrivééé!------E...era una manifestación...------Sí...diría que aquí también están hasta la nez de los turistas, ¿no?

10.-¡Hombre, mire, un autobús! ¡Y lleva la E, es de los nuestros! ¡Hagámosle señas, que nos llevarán!

11.-¡Sí, gracias por recogernos, tíos! Somos de la T.I.A., Mortadelo y Filemón, ¿sabéis? ¡Esos, los que otras veces también estuvimos con vosotros, con la selección española y...y...!

.../...

¡NGA!
¡MOUUUMPF!
PTAF!
¡NGUÉ!
4-A
POMMES OUI TOURISTES NON
TOURISTES HORS FUERA LARGO!
TOURISTES A LA GUILLOTINE!
MEILLEUR A LA MERDE
4-B

1.-Bueno, quizás las cosas no fueron muy bien...en Londres hubieron fallejos...y en Río...y en Tokío fue la recoña...y en...¿pero qué hacéis? ¿Qué? ¡Soltadnos! ¡Eh...!

2.-¡Sus vais a acordar! ¡Nos quejaremos al Comité Olímpico! ¡A la Asamblea de la O.N.U.! ¡Al Concilio Vaticano! ¡Al Tribunal de las aguas de Valencia! ¡A...!------¡Estoy de árboles hasta el gorro! ¡Parecemos dos peras maduras!

3.-Menos mal que pasó un leñador amable y cortó las cuerdas con su serrucho, ¿eh?

4.-¡Las cuerdas y lo que no son las cuerdas! ¡Grftjx! ¡Voy a pillar un resfriado de rabadilla!

5.-¡Ah, un pueblo! A ver si encontramos una sastrería que se ocupe de mi levita...

6.-Sí, yo también leí el letrero de la tienda..."Pret a porter"...¡Creí que sería otra cosa, oiga!

7.-¡Ah, la iglesia! ¡Entremos un momento, entremos!-------¿Le va a rezar a San Cucufate?

8.-No, pero si el cura tiene la vivienda pegadita, a lo mejor...

9.-¡Halte! ¡Voleur! ¡Cochon! ¡Tornez me la soutaneee!------Suerte que se iba a bañar el cura, ¿eh? Yo creo que haciéndole un cortecito aquí delante...

10.-¡Ah, por fin París! Gracias al transportista este que se avino a traernos, ¿eh?

.../...

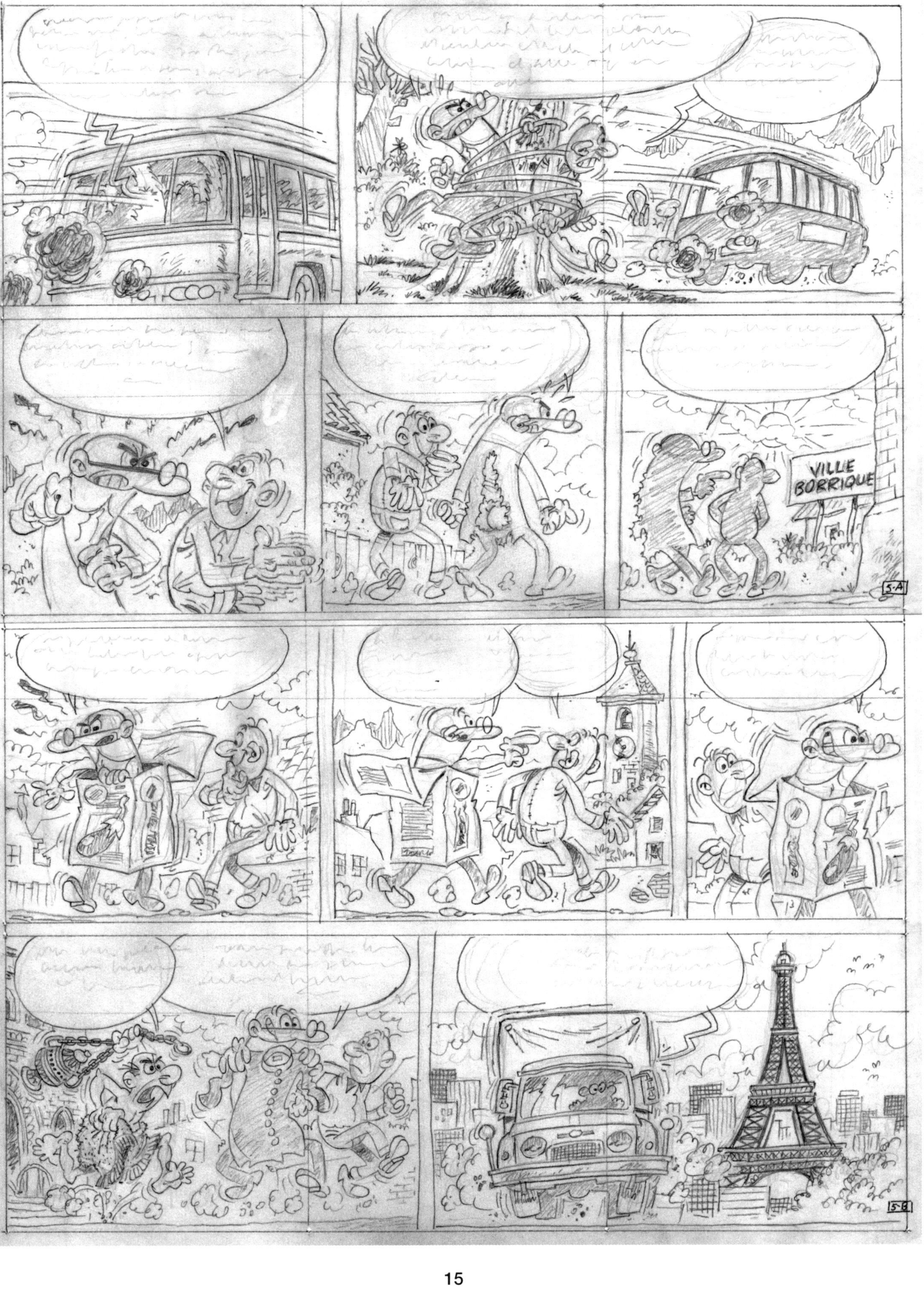
VILLE BORRIQUE
5-A
5-B

1.-Sí, pero me chinchó lo de "Allez, montez derriere...detrás...vous serez comme en famille"...------¡OINK!--¡OINK!--¡OINK, OINK!

2.-Iremos directamente al estadio...Hoy es la inauguración de los Juegos...¡A ver si descubrimos algo!

3.-Les athlètes commencen a defiler pour les pistes olimpiques...les garçons, los chicos de Jamaica...ya se sabe, la influencia de sus antiguos piratas, bucaneros, corsarios, filibusteros...

4.-Los de Argentina...Buenos Aires muy presente...

5.-Austria, recordando viejas glorias de mariscales, duques, condes...

6.-Cuba presumiendo de su industria...los puretes, puritos y puracos de La Habana...

7.-Los Estados Juntitos esos...se entrenaron en Chicago, donde Al Capone y compañía hacían de las suyas...

8.-Sierra Leona, que se han dejado a las leonas en casa y vienen ellos solitos...

.../...

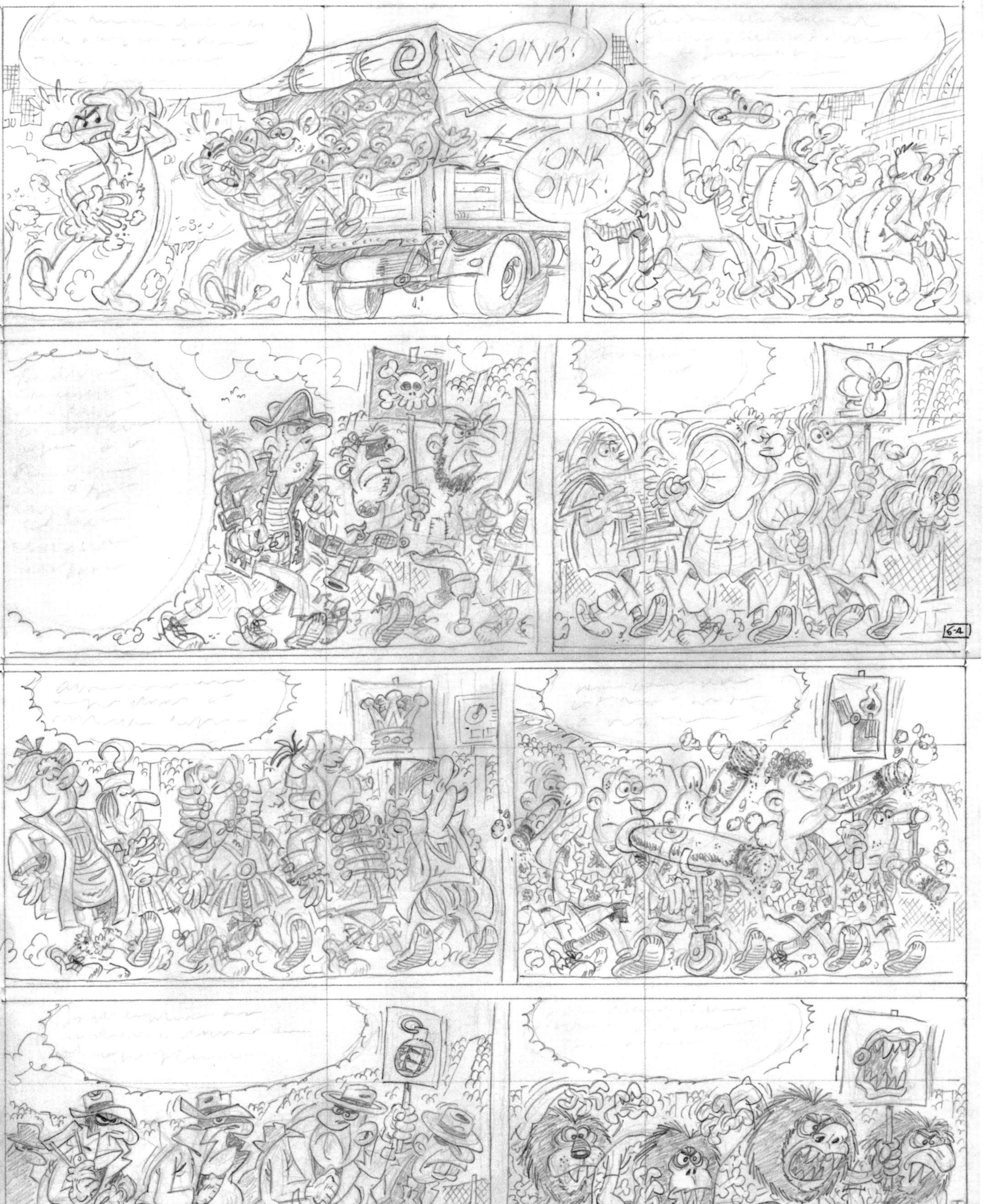
¡OINK!
¡OINK!
¡OINK OINK!
6-A
6-B

1.-Polonia...¡cómo no! Los polos de coco, polos de menta, polos de lentejas, polos de...-------¡CHUP¡---¡SLURP!---¡BFJ!

2.-Los italianos entrenaron en Trieste. Y así han venido de triestones, ellos...-------¡HIP!---¡BUÁ!---¡NGUEEE!---¡GÑIAGH!

3.-Perú, ya se sabe, Lima está muy presente en sus cosas...-------¡RIIIS!---¡REC!---¡RÁS! ¡RÁS!

4.-¡Ah, y España¡ claro! Castañetes, batas de cola, gaitas, tortilla de patatas...------¡CLAP CLATACLAP CLAP+++DJIAIIIII ÑIOIIII TUIIIIT

5.-¡Ellos! ¡Son ellos! ¡Los nuestros! ¡Los que nos dejaron amarrados en mitad de la carretera!-------¡Ellos! ¡Son ellos! ¡Los que nos trajeron la desgracia, el mal de ojo, la guiña, en los últimos veintiocho años!

6.-Vamos, vamos, lo pasado pasado está...¡Je je! Precisamente estamos aquí para salvaros de unos terroristas con unos drones que...

7.-¡Ah! ¿Ve? ¡Bueeenos chicos! Nos llevan en alto como a los héroes de los Juegos que...

8.-¡Los Juegos van a empezar! ¡Delegados de limpieza, retiren a esos dos tipejos que están haciendo el mico en las instalaciones del salto con pértiga!------"Nos llevan en alto...héroes de los Juegos"...

.../...

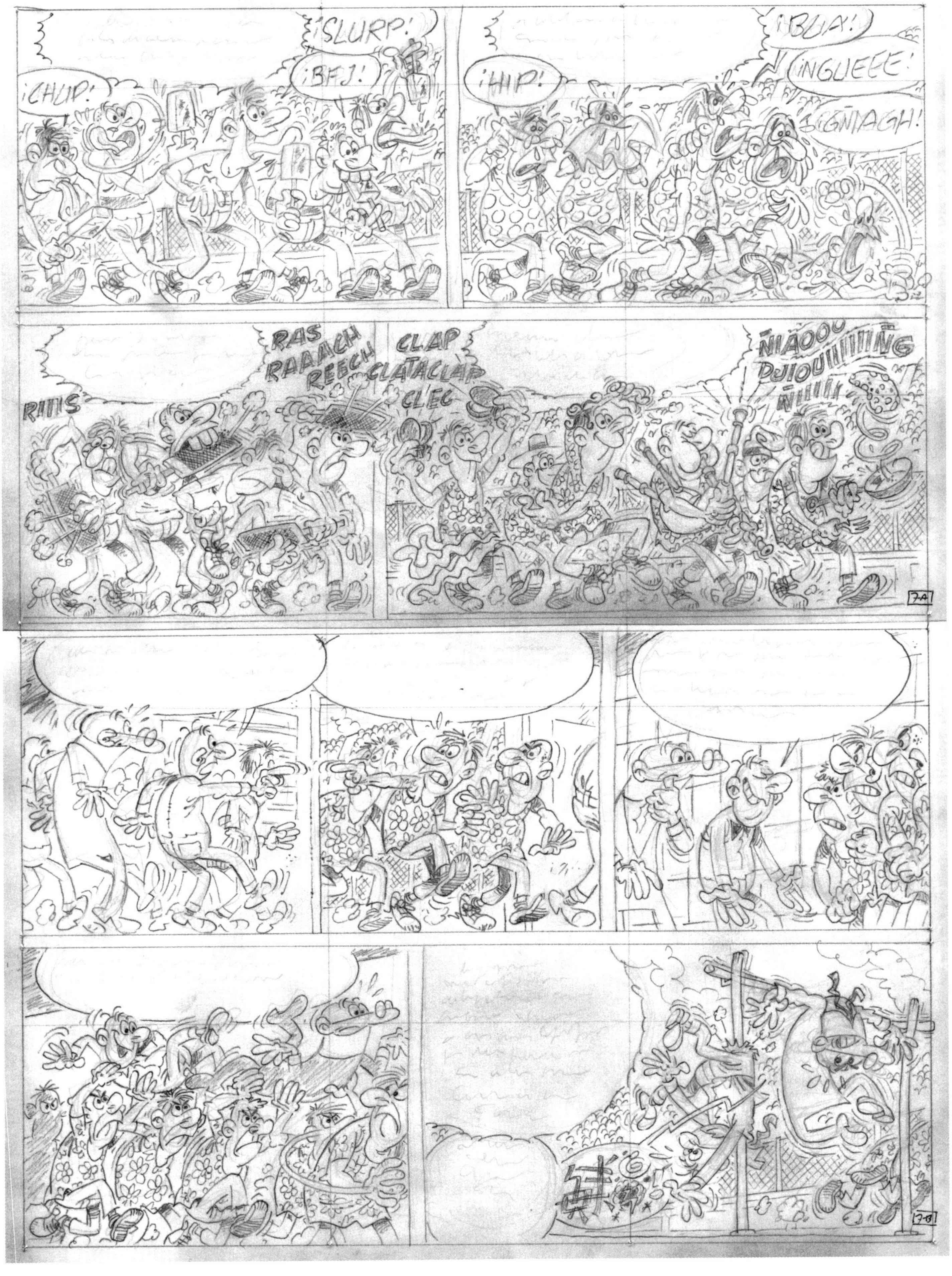
¡CHUP!
¡SLURP!
¡BFJ!
¡HIP!
¡BUA!
¡INGUEEE!
¡GNIAGH!
RIIIS
RAS
RAAACH
REECH
CLAP
CLATACLAP
CLEC
7A
7B

1.-¡Venga, alejémonos de aquí antes de que nos vean el plumero!-------¡Je! A usted, lo que van a verle es el trasero...

2.-Sí, están calculados...¡Volarán sobre el graderío y caerán encima de los espectadores!

3.-¿Ha oído esooo? ¡Volarán y caerán sobre los espectadores! ¡Drones! ¡Son drones!

4.-¡Son los terroristas! ¡Los descubrimos a tiempo! ¡Hay que eliminarlos, quitarlos de enmedio!

5.-Déjeme a mí, déjeme...¡Será por quitar! ¡Si mi tatarabuelo era de Quito!

6.-¡Hey! ¿Podrían acercarse y rascarme la nariz? Es que me pica y con el vendaje no hay manera...

7.-Bueno, pero no suelte algún mocarro, ¿eh? Que luego, los contagios...

8.-No, qué va, no son mocarros, si no guijarros, ¿ven? ¡Piedra berroqueña de quince kilates!

9.-¡GLGLGL...!------¡PRRRRRTZ!------¡Hala, destruyamos los drones esos y...!

10.-y...y...¡Avioncitos! ¡Son avioncitos de papel!------Lle..llevan algo escrito...

11.-....

.../...

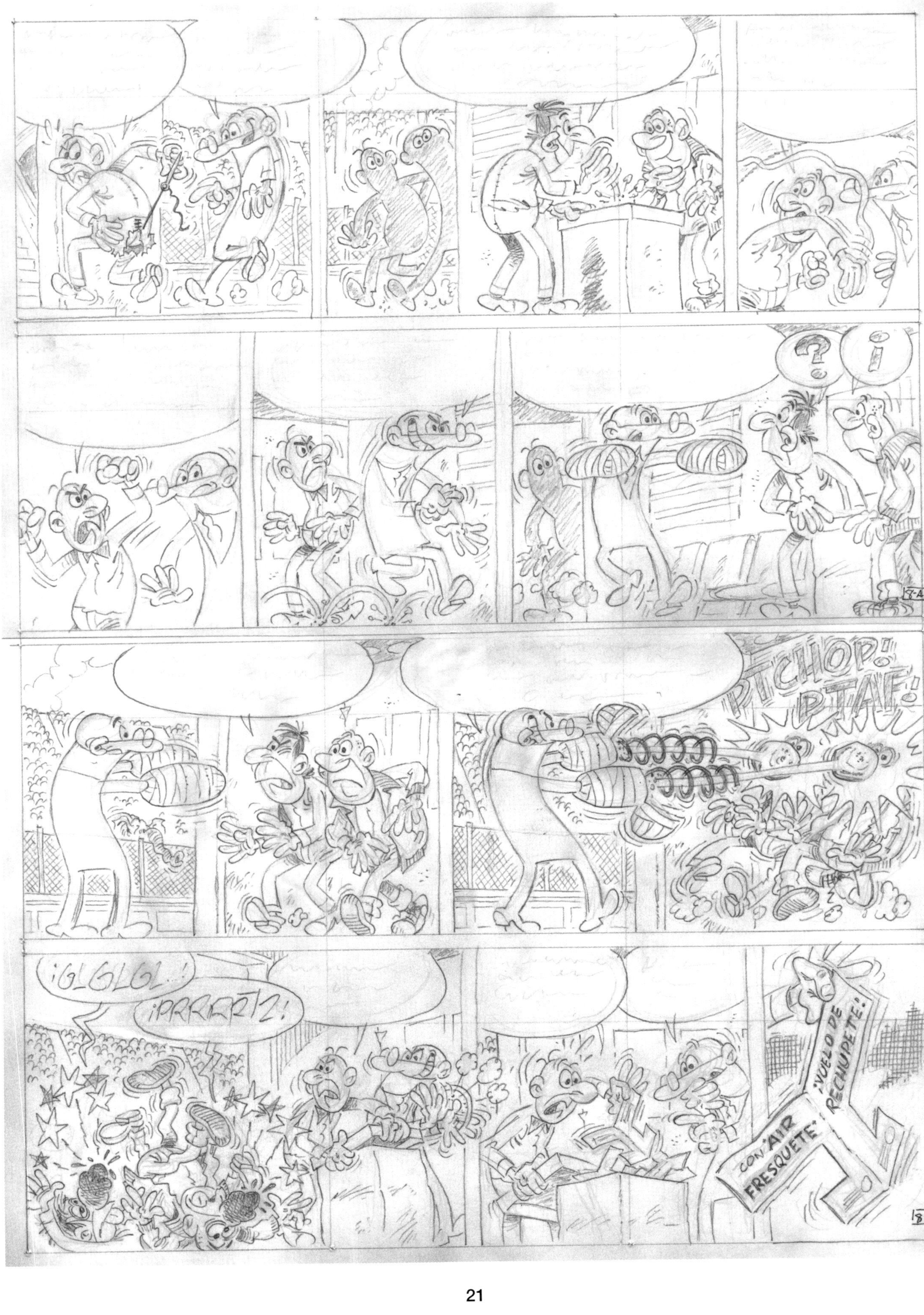

¿?
¡
7-A
PTCHOP!
PTAF!
¡GLGLGL..!
¡PRRRRTZ!
"¡VUELO DE RECHUPETE!"
CON "AIR FRESQUETE"
8-B

1.-¡So...son de propaganda! ¡Publicidad! ¡Anuncios!------¡Claro; con el vientecillo de levante caerán suavemente sobre el público...!

2.-¡Igual que los tortazos que van a caer sobre vosotros! ¡Pero de "suavemente", nada! ¡A lo bestia, a los bestia!------¡Dele a los tentáculos, Mortadeloóoo!

3.-¿Dónde se han metido? ¿Dónde?------¡Quizás ahí, en la cosa esa de la gimnástica!

4.-Pues no, ni rastro...------¡Vamos a mirar en los cubos de la basura!------¡En estos momentos, el atleta español Cangúrez va a realizar su triple salto mortal sobre el plinto...!------¡OUMPF, OUMPF, OUMPF...!

5.-¡OUMPF, OUMPF, O...AH!------¡Los despistamos, jefe! ¡Jefe! ¿Por dónde anda?

6.-Pero jefe, ¿dónde...eh...?--¡UH!

7.-¡Es uno de ellos! ¡De ellos! ¡Los de siempre! ¡Venga, todos a una! ¡A sacudirle!-----¡Se armó la gorda! A ver si llevo un disfraz de galopar...

8.-¡Pues sí! No es de un pura sangre británico, pero ya vale, ya...--¡JIJIAAAAH!

.../...

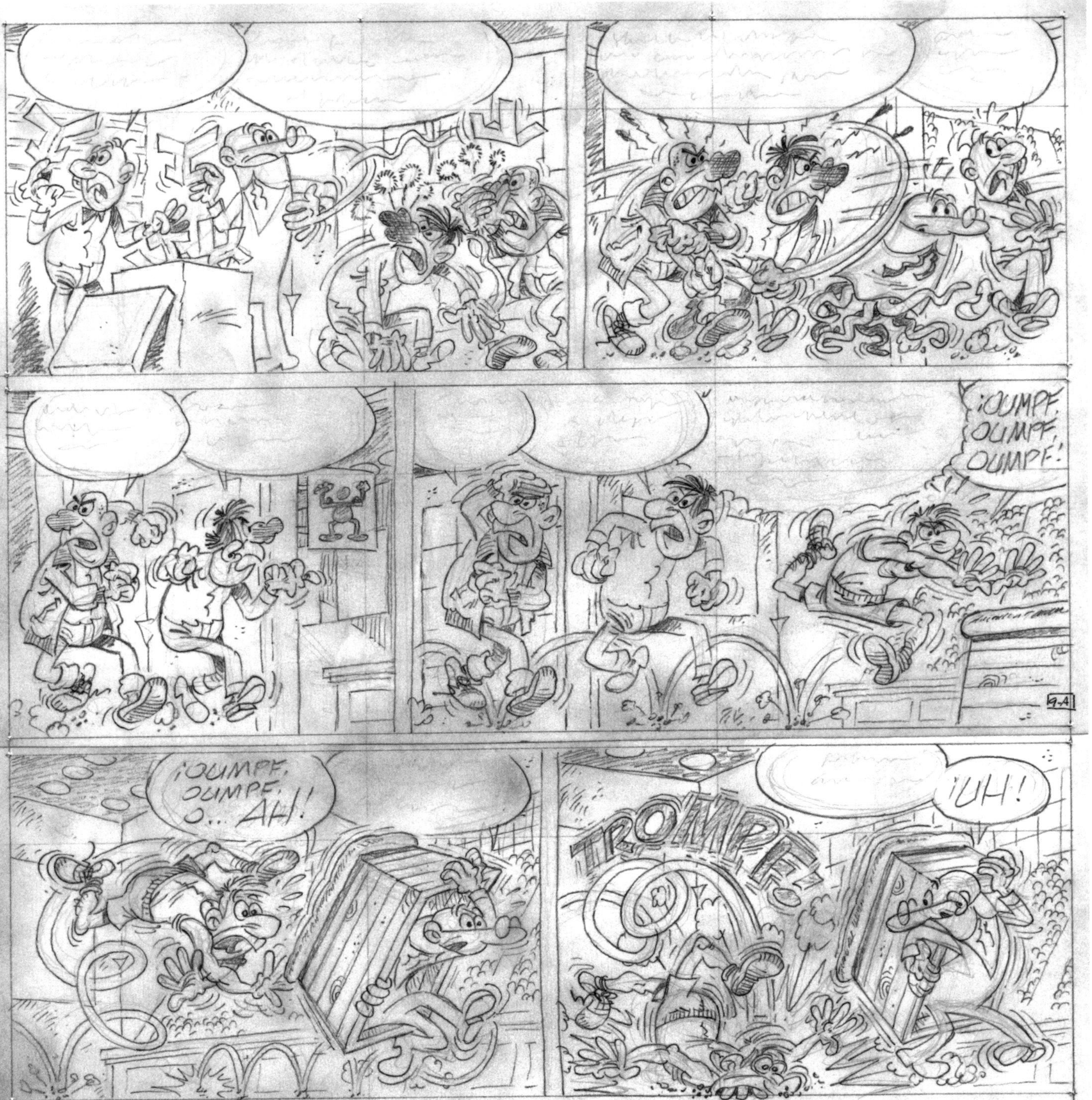
¡OUMPF, OUMPF, OUMPF!
9-A
¡OUMPF, OUMPF, O... AH!
TROMPF
¡UH!
CLOP CLOP TCLOP
¡JIJIAAAL!
9-B

1.-¡Me van a atrapar! A ver si con el trasto ese hago que se la peguen...

2.-¡El otro! ¡Es el otro!------¡Que no escape! ¡Duro con él!------¡Guantazo al morro!

3.-¿Es "La Retaguardia"? ¿Sección de esquelas? Sí, anote...En recuerdo de mi querido jefe, que se largó de este mundo sin decir ni chufa y...

4.-Pero jefe...¿yo cómo iba a saber que se había escondido en el caballo? ¡Yo sólo iba de inocente borrico!

5.-¡Venga, hay que seguir buscando esos drones! ¡Vamos al estadio principal!

6.-¡Je! Estamos con lo de siempre...¡la cola! ¡Las entradas! ¡Vaya a sacarlas a la taquilla!

7.-¿A la taquilla? ¡Je! Mire todo mi capital...tres céntimos de euro, un botón viejo y un pañuelo con moco...

8.-¡Pues anda que yo...! Ya noté un fresquillo en el peroné cuando se me fue por el agujero mi única moneda de veinte...

9.-¡Pero tranquilo, jefe! ¡Tengo el disfraz para entrar por el tejado!------¿Por el tejadooo...?

10.-¡Sí, el disfraz de catapultero con su catapulta y todo! ¡Siéntese aquí, siéntese!

.../...

SPRONCH!
PRAC!
TROMP TROMP
PAF
PTAPAF
CROCK
TROMPF
TUND
10-A

1.-Pero...pero...------¡Nada de pero! ¡Para! ¡Usted se para en el tejado y baja por la escalerilla de incendios!

2.-¡Hala, en marcha! ¡Acuérdese de bajaaar!

3.-¡Rayos! Yo diría que subo demasiado...

4.-¡Vaya si subo demasiado, vaya!

5.-¡Y el estadio quedó como a siete kilómetros! ¡Y eso que se acerca disparado yo creo que es la Notre Dame esa...! ¡Y la place de l'Etoile...! ¡Y la madre que lo... que lo...!

6.-....

7.-Oui, oui, que je l'ai vu! Bajaba comme une fusée, como un cohete...Et gritaba quelqu'une chose comme "¡Mortadelo, que le de un calambre en la entrepata y...!"

8.-¡Jo, ya está liada otra vez! ¡La culpa es suya, por no bajarse a tiempo! ¡Que se pasó de paradaaa!

9.-Pero tengo otro disfraz para entrar...¡El de hombre invisible!

10.-¡Tenga, póngaselo, póngaselo! ¿Ve? ¡Pues eso es, no lo ve nadie!

11.-¡Claro, el del camión tampoco me ha visto! ¡Que me pilló de lleno! ¡OUAAAAAH!

.../...

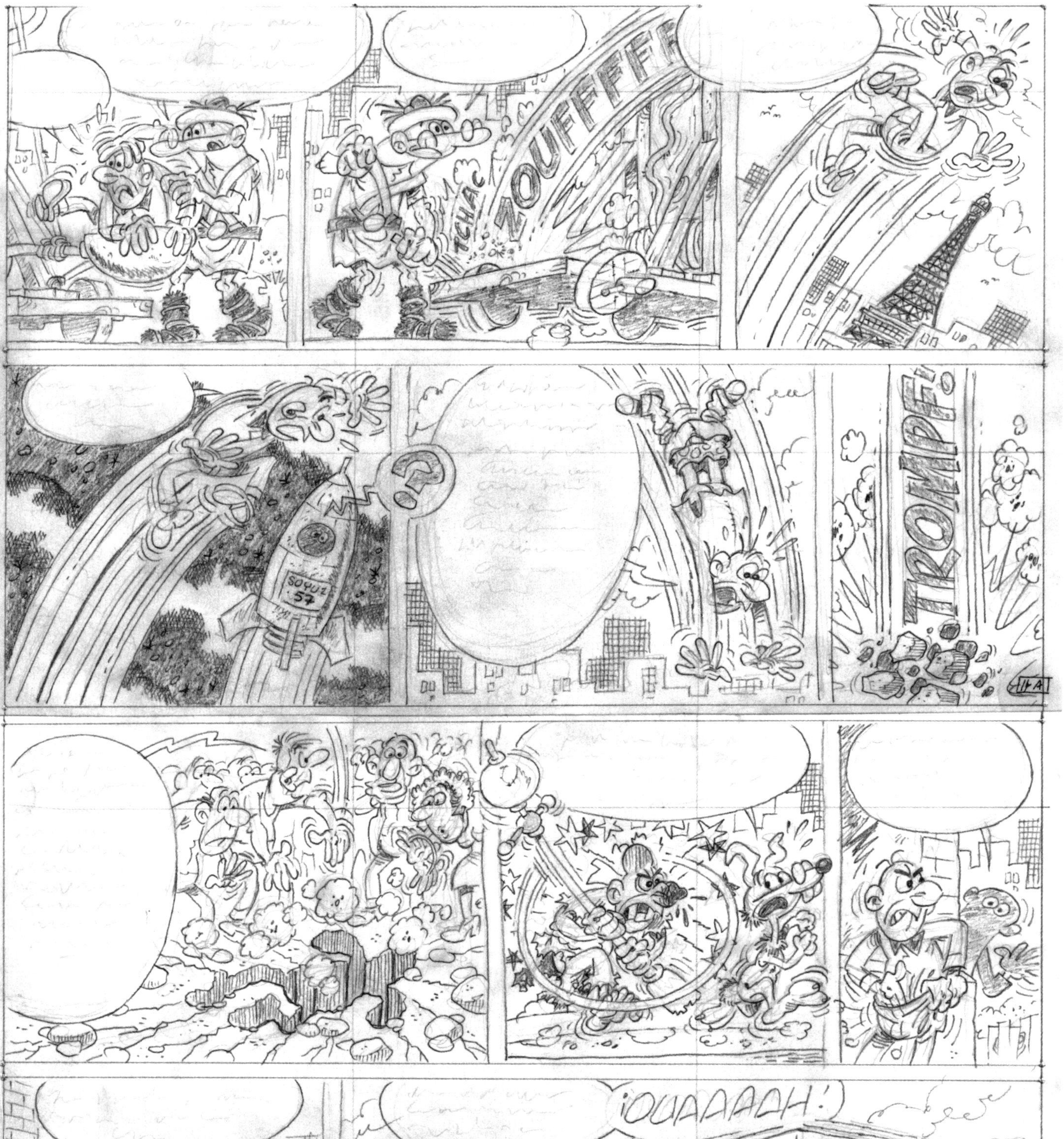
TCHAC
ZOUFFFFF
SOYUZ 57
TROMPF!
11-A
¡OUAAAAH!
VROM!
11-B

1.-¡Corcho, jefe! ¿Por qué no se apartaba al llegar la rueda? ¡Aguarde, que lo recojo!

2.-¡Estoy de sus disfraces hasta el gorro! ¡Hasta el glúteo! ¡Hasta el hipocondrioooo!

3.-¡Calma jefe, calma! Mire, están llegando los de la maraton...

4.-Antes de entrar al estadio han de pasar sobre una alcantarilla...

5.-¡Así disfrazados de atletas nos colamos por esta, salimos por aquella, nos mezclamos con los corredores y ya estamos dentro!

6.-¡Los maratonianos se acercan a la meta! ¡En cabeza corre Galápaguez, el atleta de Spain que...!------¡Ya tengo la medalla segura! ¡Un golpe más de pierna y...!

7.-y...y...--¡IIIIIING!

8.-¡Aaaagh! ¡Mi pierna! ¡El peroné cascado! ¡La medalla al cuerno! ¡Y son ellos! ¡Otra vez ellos! ¡ELLOS!------Sí, esteee...nosotros...Mortadelo y Filemón...Contentos de vernos de nuevo, ¿eh?------¡Ellos! ¡Que no escapen! ¡Demolición de la masa craneana!------¡Destrozo! ¡Aniquilación! ¡Devastación!

9.-¡Jo, falló la cosa! Hemos tenido mala [redacted] pata, ¿eh?-------¡Pues anda que la pata del corredor...! ¡Acelere, acelere!

10.-¡Mire, esos intentan entrar por la puerta de servicio! ¡Con un cajón gordo! ¿Serán los drones...?

.../...

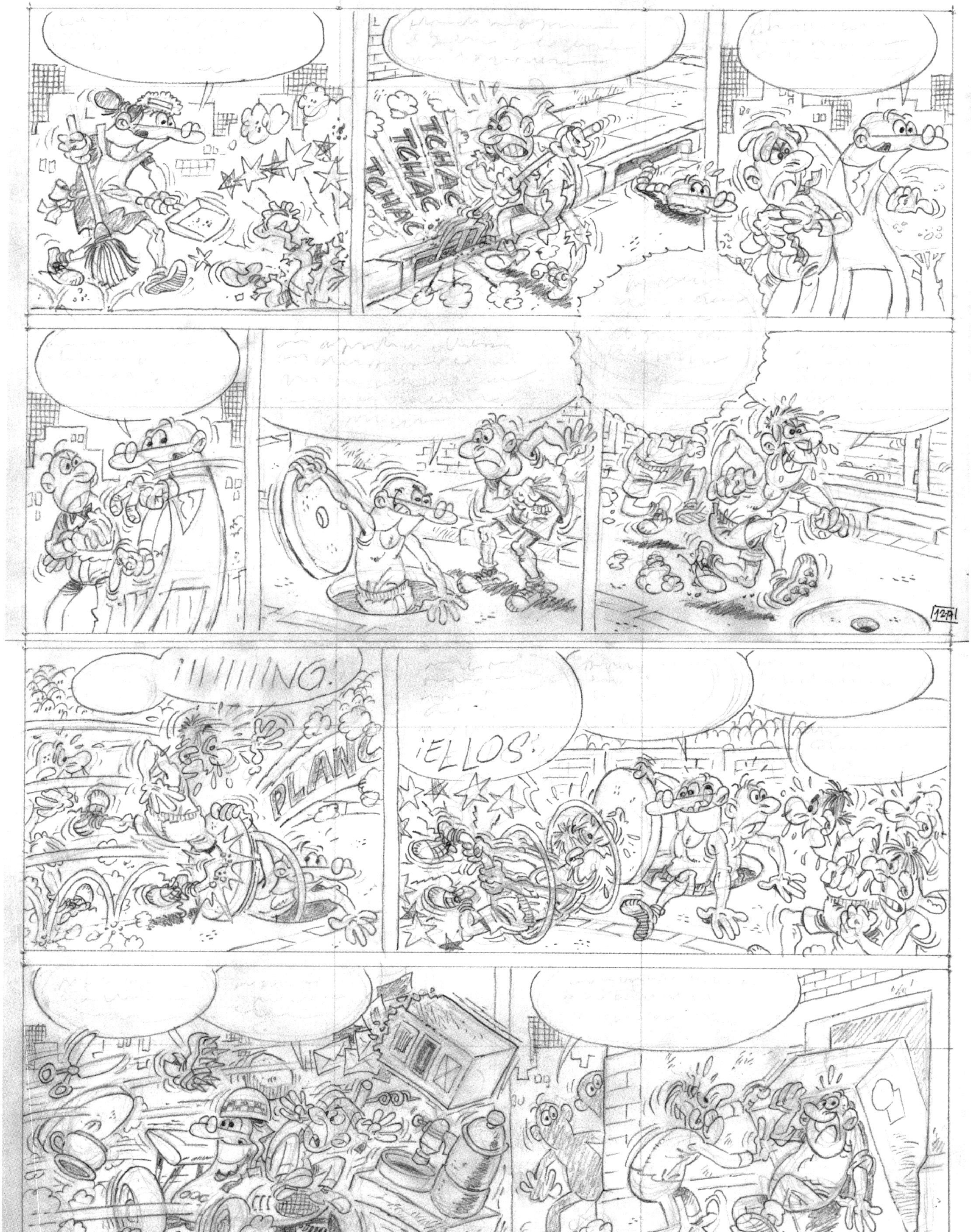
TCHAC
TCHAC
TCHAC
¡¡¡¡¡¡¡¡NG!
PLAN
¡ELLOS!

1.-Bueeeno, ya los tenemos dentro...¡Los lanzaremos cuando el estadio esté lleno del todo! ¡Las explosiones se van a oír hasta en Calcuta!

2.-¡Lo...los tienen ahí! ¡Los van a lanzar al estadio lleno! ¡Explosiones!--------¡Drones! ¡Son los drones a punto de lanzamiento!

3.-¡Pero nosotros lo impediremos!-------¡Sí! Plan tres nueve dos, jota...¡Un plan de los gordos!

4.-....

5.-¡Y tan de los gordos! ¡Je je! ¡Droneros fuera de combate!------¡AAAAAGH!---¡NGJJJJ!

6.-¡Y los drones, a arder como teas! ¡Tomar llamita, tomar!

7.-....

8.-¿Pero qué habéis hecho, desgraciados? ¡Eran los fuegos artificiales para agasajar a los maratonianos!------¡Ah! La cosa esa de las bengalitas y los petardetes y...

9.-¡Sí, y los chupinazos! ¡Los chupinazos que sus vamos a colocar en mitad del caletre! ------¡Déjamelos a mí, déjamelos! ¡Proyectil de dinamita, nitroglicerina y trilita! ------¡Caballeros, por favor! Un poco de finura, de cortesía, de...------¡Calle y trote, ceporro! ¡Trote!

10.-¡Dita sea! ¡Ni rastro!------¡Ya les echaremos la zarpa, ya! ¡Y entonces...!

.../...

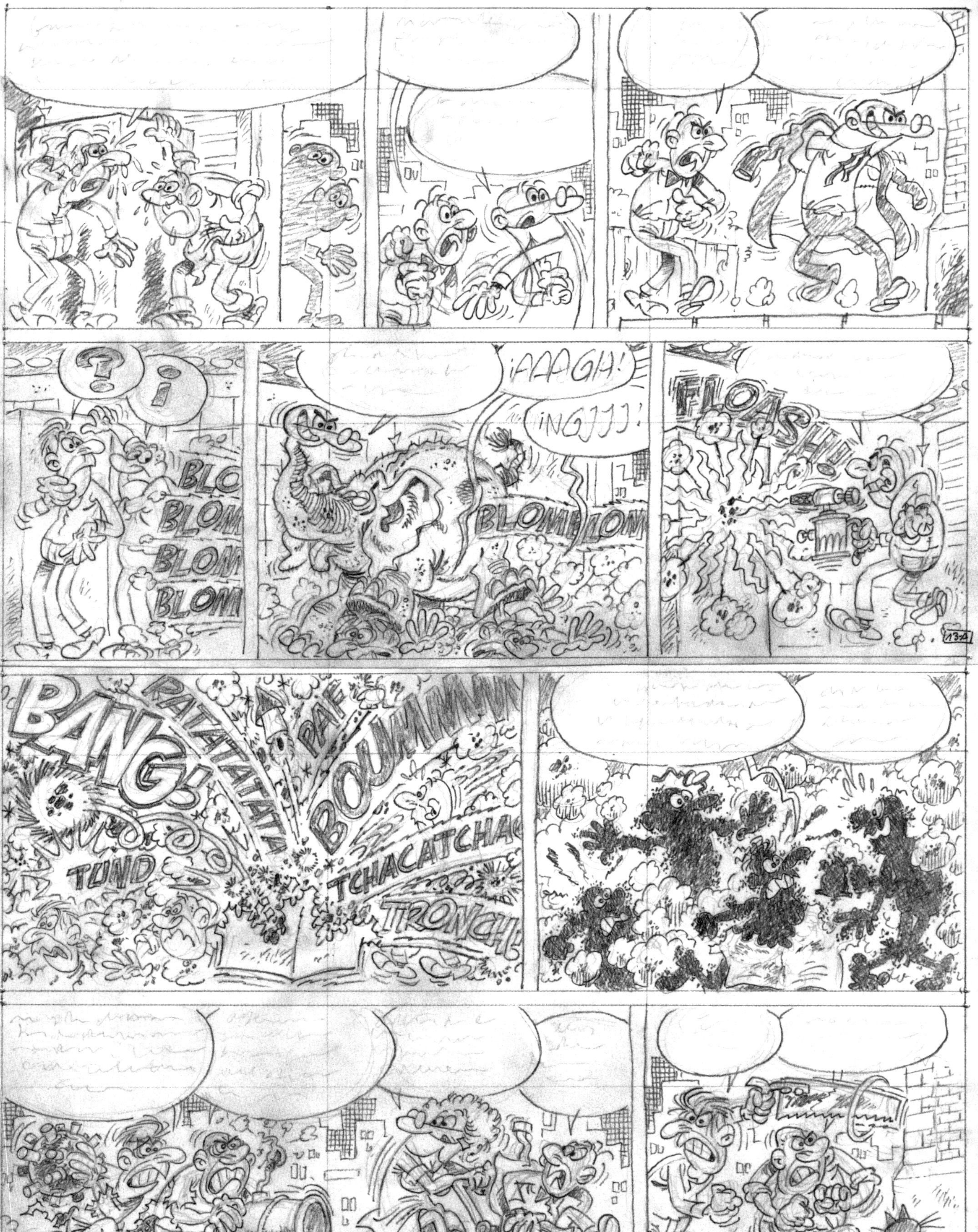
?
¡
BLOM
BLOM
BLOM
BLOM
¡AAAGH!
¡NGJJJ!
BLOMBLOM
FLOASH!
13-A
BANG!
RATATATATA
PAF
BOUM
TUND
TCHACATCHA
TRONCH!
13-B

1.-¡Conseguimos despistarlos! ¡Je je! Suerte que llevaba encima estos disfraces de gato, ¿eh, jefe?

2.-¡JEFE!-------¡GRRRÑANG!

3.-¡Jo! Menos mal que también llevaba este baldosín...¿Se encuentra bien, oiga¿-------¡GÑ!

4.-¡Grftjx! ¡Otra vez le voy a prestar yo un disfraz de ternero y lo voy a dejar en el matadero municipal!------¡Corcho, es que deja que cualquier bicho le hinque el diente, mire usté!

5.-Ya está el público dentro...¡Hay que meterse en el estadio como sea!

6.-¡Ya sé, jefe! ¡Yo distraigo al portero con otro disfraz y usted se cuela!----------¡Vale!

7.-Sí, anti-dolol impoltado de Cho-Li-Zing...Yo vendel muy balatito...-------Ya lo tiene distraído...Paso por detrás y...

8.-¡Hum, no sé! Primero probaré en el pescuezo, que me chirría cuando giro la cocorota...

9.-A ver, media vueltecita y...--¿EH?------¡UH!

10.-Intentando colarte, ¿no? ¡Ante mis propias narices, ¿no?------¡NGAJJJJ!

11.-Pues nada, nada; primero te das por ahí una vueltecita de nada...

12.-¡...y vuelves cuando las ranas se peinen con raya enmedio!--¡AUMPF!

.../...

¡JEFE!
¡GRRRÑANG!
¡GÑ!
14-A
¿EH?
¡UH!
¡NGAJJJ!
¡PUMPF!
WOSH!
14-B

1.-¡Corcho jefe, haber echado el freno un poco antes! ¿Quién le mandaba ir tan lejos?------¡BMFPRRRTZ!

2.-Venderle unas pastillas para el dolor...¡Grftjx! ¿No podía haberle vendido buñuelos de bacalao?---------¡Sí, o sardinas en escabeche! ¡Ande ya, tío exigente!

3.-Queda un recurso...¡El gas soporífero! ¡Lo dejamos dormido y nos colamos!

4.-¡Ah, claro! Se lo va a insuflar en las narices, ¿no?

5.-Bueno, en las narices precisamente, no...¡Pero así también hace su efecto,también!-------¡GLGLGL...!

6.-¡Hala, hay aquí más gente que en un Madrid-Barça! Si algún terrorista aprovecha para soltar un dron de esos...

7.-¡Ah, mire, lo han lanzado! ¡Un dron pequeñito! ¡Pero igual lleva explosivo para cargarse una legión!

8.-¡Yo lo impediré! ¡Un tiro que ni en las series de la tele! ¡Lo hará explotar en el aire!

9.-....

10.-¡Incréible! ¡Atentado en el lanzamiento del disco! ¡Lo desvían de un tiro y lo hacen ir derechito al cráneo del ministro de deportes!

.../...

¡BMFPRRRRTZ!
¡GLGLGL...!
15-A
BANG!
PLAC
ZIUUUUUU
PLOC!
15-B

1.-¡Ellos! ¡Los hemos visto! ¡Han sido ellos!----¡El largo pegó el tiro y el corto miraba!----¡Terroristas! ¡Son los terroristas!----¡A la Santé con ellos!----¡No; a la guillotina!----¡A la chaise eléctrique!----¡A le feu! ¡El fuego! ¡La hoguera!

2.-Yo diría que vayamos iniciando la carrerita, jefe...----¡Usted no diga nada y corra! ¡Corra!

3.-¡Busquemos! ¡No pueden haber ido lejos!-----¡El largo, disfrazado de escarabajo pelotero, empujaba al otro!-----¡Mensaje de la T.I.A. esa de Espagne! ¡Dicen que si los encontramos, los ametrallemos!-----¡Y una tal Ofelia! ¡Que los tiremos al Sena con un plomo en los pies!-----¿Cargamos los bazookas, caporal? ¿Los cargamos?

4.-¡Buf! Dió resultado el disfraz de césped, ¿eh, jefe?

5.-¡El mío tenía un hormiguero! ¡Hormigas caníbales!--¡UAAAAAH!

6.-Investigaremos por aquí, por los pasillos, por los lavabos...-------Sí, y de paso vaciaremos el depósito, que ya aprieta.

7.-¡Chissssst, ya desaguará otro rato! ¡Ahora sí que sí! ¡Tenemos ahí a los terroristas de los drones!

8.-¿Y dices que es así, como muy gordo?-------¡Uh; más de cien kilos! ¡Ha de llamar la atención!

9.-Y ya está calculado para que caiga en mitad del estadio...¡Justo cuando el ministro de los deportes salga a saludar!

10.-¿Ha oídooo? ¡Más de cien kilos de explosivo! ¡Y listo para hacer migas al ministro y a quien pille más cerca!

.../...

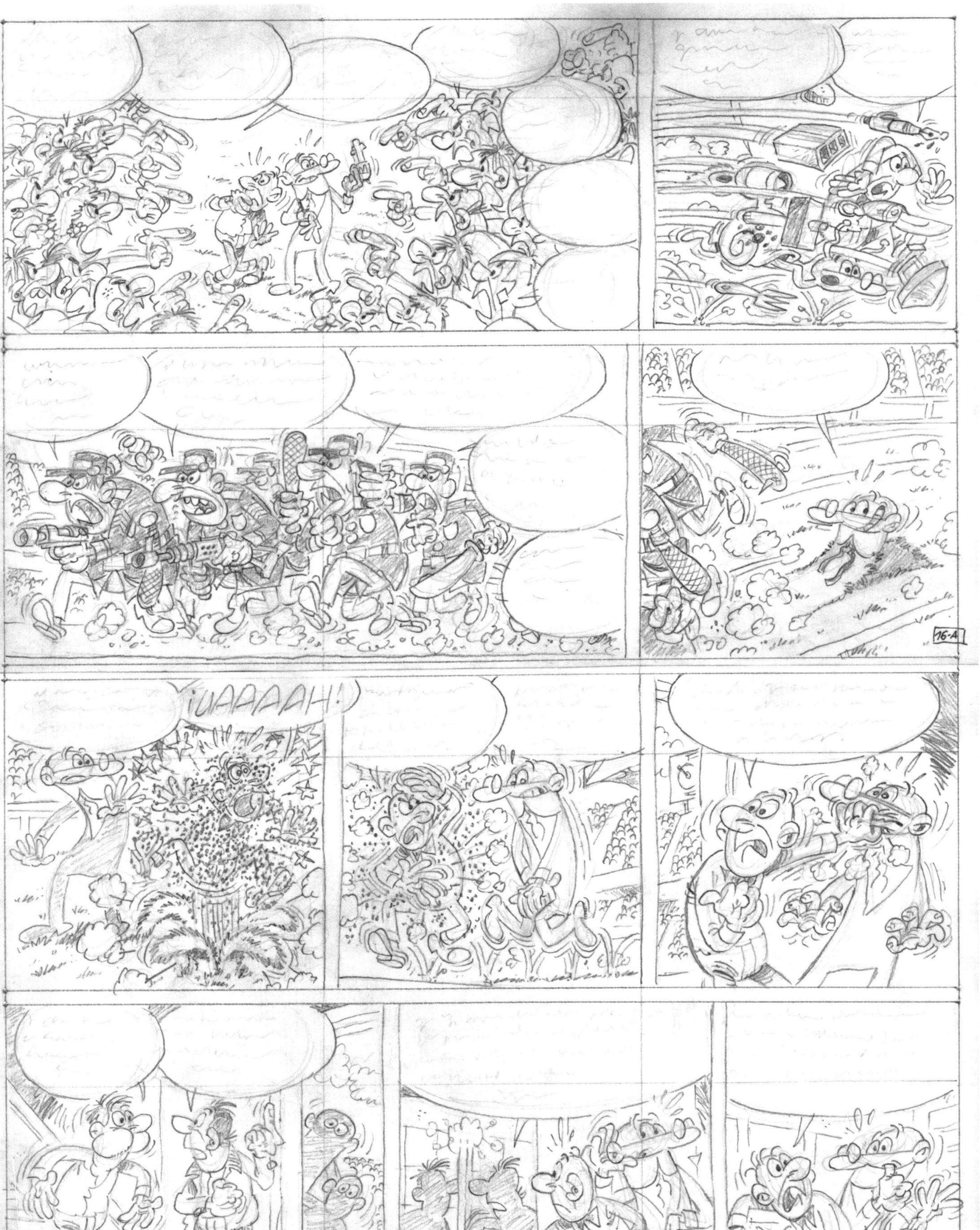
¡UAAAAH!
16-A
16-B

1.-Así que más de cien kilos, ¿eh? ¡Y cuando salga el ministro, ¿eh?!------Pues sí... cu...cuando salga a mitad del estadio y...

2.-¡Y narices! ¡Para eso estamos los de la T.I.A.!------¡Superman y Spiderman, tirando corto!------¿Pero qué...qué...?-----¡Agh!

3.-¡GÑÁ!-----¡RAAAAARGH!-----¡Luego nos ocuparemos de ellos! ¡Ahora vamos a despachurrar el dron ese de más de cien kilos!

4.-¡Huy, es un puntito allá en todo lo alto! Casi no se distingue...------¡Ya me vale! ¡Con mi revólver, puedo acertarle a un mosquito en la estratosfera!

5.-¡El campeón mundial de los superpesados desciende sobre el estadio para ofrecerle los aros olímpicos al señor ministro, que sale al centro de...!-----¡Que voooy!

6.-Al centro de...¡Huy! ¡Algo ocurre! ¡Se han cargado de un tiro el cable del paracaídas!------Que...que...

7.-¡Que no quiero iiiir!------¡El campeón se va para abajo como una bala! ¡Derechito hacia el señor ministro!

8.-Mais oui, a pesar del discazo en toute la tête, en mitad del cráneo, je suis très heureux, muy feliz pour recevoir ces aros olimpiques que descendren de la hauteur, de la altura y...

9.-y...y...¡IH!

10.-....

.../...

¡GÑA!
¡RRAAARGH!
BANG
17-A
TCHAC!
TROMPF!
17-B

1.-¡ARGH! Avant le cráneo, a present le costillar...¡Les coupables a la chambre du gaaaaz!-----Quel coup bête...¡OUNG! ¡Tengo la rabadilla en el paladar!-----Sí, teníamos que supervisar el acto...¡ÑIAG! Aidez nous avec le neeez!-----Cette fois no escaparán...¡Artilleur! ¡Tirer a l´ombligo!-----Jefe...¿y si nos jubilamos de la T.I.A. y nos vamos a cultivar cacahuetes?-----¡Calle y saque un par de disfraces de comadreja!

2.-¡Pour la grand mère du Robespierre! ¡Autre fois disparaitres! ¡Cherchez dans le detecteur d´immondices! ¡Les cloaques!

3.-¡Je! El disfraz de nubarrón también da de sí, ¿eh, jefe?

4.-¡El mío da de no! ¡Lleva un cacho rayo incluído!--¡UIIIIIGH!

5.-¡Hey! ¿Esos tipejos no son paisanos? ¿Los que meten la pata hasta las orejas?-------Yo diría que sí...los de la T.I.A., o la cuñada o algo así...

6.-Son de los nuestros...nos vieron el plumero...¡Alejémonos antes de que la armen!

7.-¡Mire, allí están liados con lo del salto! ¡Y yo salto como un canguro con hipo!

8.-Así que disimularemos rebotando un poco...¡Igual bato el record de altura con catorce metros y...

9.-¡...IH!-----¡UH!

10.-....

.../...

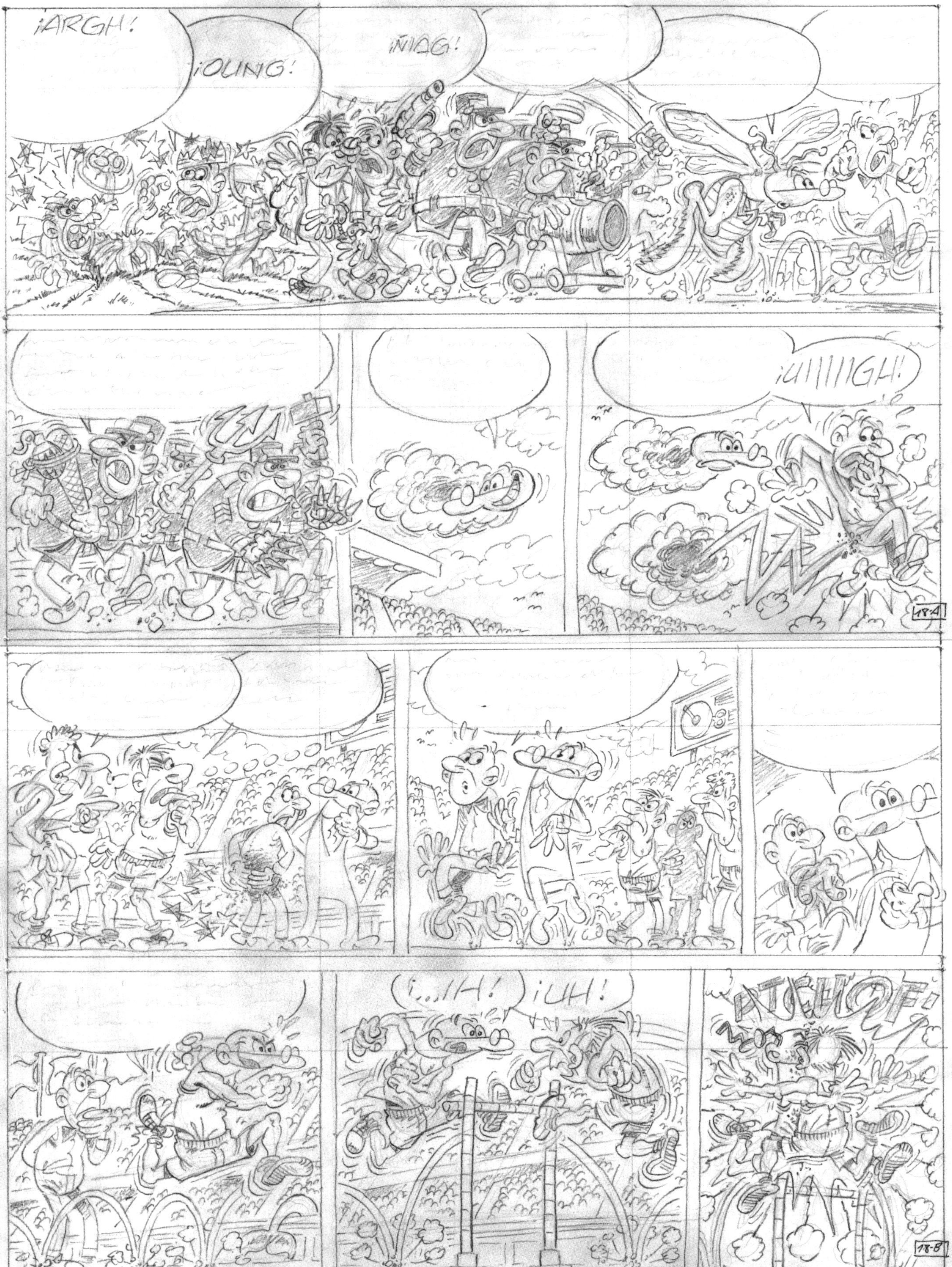
¡ARGH!
¡OUNG!
¡ÑAG!
¡UIIIIIGH!
18-A
¡...IH!
¡UH!
18-B

1.-¡GÑFRTZ!-----¡NJFRRRRT!-----¡Sí, son ellos! ¡Los paisanos!-----¡Y el largo se ha cargado a Piruétez, nuestro campeón de saltos!-----¡Esto clama venganza fiera!

2.-¡A por él!----¡Tastarrazo en todo el cráneo!----¡Y retortijón en el pescuezo!------Mortadelo, hijo, o le va dando a la pata o le van a dar con la pata en todo el ombligo!

3.-¡Je! El disfraz de hierba cosa fina, jefe...¡No me descubriría ni una cabra hambrienta!

4.-¡Jo! Este césped parece el espinazo de un camello...Está lleno de jorobas...

5.-¡GÑÍ!

6.-¡OUAAAARGH!

7.-Nos siguen buscando...¡Disimularé yo también con la cosa esa del salto! ¡Que yo no me desmorro como usted!

8.-El triple salto ese...¡Como si quiere ser quíntuple! ¡Allá voy!

9.-Jefe, no es por nada pero tenía que saltar hacia este lado, que es donde está la arena...

10.-Por ese otro lado está el hormigón...y no, no se desmorra pero se descula, mire...------¡GÑIÁ!

.../...

¡GÑFRTZ!
¡NUFRRRT!
BLOM
BLOM
¡GÑI!
19-A
¡OUAAARGH!
¡GNIA!
19-B

¡NO!
UFF
20-A
20-B

Esto no es un final

Jordi Canyissà

2.-¡JEFE!------¡GRRRÑANG!

Cuando me preguntan cuál es mi aventura favorita de Mortadelo y Filemón nunca sé qué responder. Si finalmente contesto y menciono unos cuantos títulos, me arrepiento enseguida por otros tantos que he dejado fuera. No, no sé cuál es mi aventura favorita; sin embargo, ya sé cuál considero la más emotiva. Esta que tenemos en nuestras manos: *París 2024*.

Emocionar no es un verbo que se conjugue habitualmente al hablar de Ibáñez. *Emocionar* es para creadores con ínfulas artísticas. Ibáñez se desmarcó siempre de ellos y de sus pretensiones. No quiso hacer una obra *emotiva*, sino *divertida*. Porque sabía que hacer reír es muy difícil y quería hacer ese regalo a sus lectores. Sin embargo, *París 2024* nos emociona porque ahí están sus últimas ideas, sus últimos dibujos a lápiz, tal como los dejó sobre su mesa. Nos emociona porque es un álbum que transpira el amor de Ibáñez por los tebeos, que descubrió con ojos de niño en plena posguerra y que a sus ochenta y siete años, cuando hizo estas páginas, seguía practicando con la misma ilusión y entrega que el primer día. Ibáñez siempre dijo que le gustaría seguir dibujando hasta el final. *París 2024* demuestra que lo consiguió.

Este álbum nos emociona porque es un álbum sin filtros. Porque estamos nosotros solos, los lectores, con Ibáñez. No hay nadie más en medio. Sabemos que Ibáñez apuntaba las ideas de sus aventuras en una libreta y luego les daba forma sobre la página. Esto es lo que vemos aquí: cada página del álbum está formada por dos hojas horizontales tamaño DIN A4, con el número de página en la última viñeta y el añadido A o B, según corresponda a la mitad superior o inferior. En cada una de estas hojas dibuja dos tiras. De fondo se aprecia una retícula formada por unas líneas verticales que dividen cada tira en tres cuadros. Es su manera de indicar que en cada hoja cabrían seis viñetas iguales. Pero Ibáñez adapta esa guía a las necesidades de la historia que quiere contar y pocas veces usará tres viñetas consecutivas del mismo tamaño; la segunda tira de la hoja 5-A (en la página 15) es una de esas raras excepciones. Las viñetas de Ibáñez se hacen anchas o estrechas en función de su contenido. Incluso se puede transformar toda la estructura por completo, como vemos en la hoja 17-B (página 39).

Otra guía que aparece en estas páginas es horizontal y tiene que ver con los diálogos. Ibáñez traza una línea en el tercio superior de esas dos tiras; en realidad algo menos de un tercio. Esta guía marca el espacio destinado al texto. Lo ideal, parece decirnos, es no superar esta zona para que el

dibujo tenga espacio suficiente debajo, para que el texto no *ahogue* el dibujo. El texto final lo escribirá a máquina después, cuando el dibujo esté completamente perfilado. Entonces tecleará los diálogos, viñeta a viñeta. Cada hoja mecanografiada corresponde a las dos hojas dibujadas. Casi no hay retoques en los textos, cosa que indica que en ese momento los diálogos ya han sido plenamente decididos, y ahí donde aparece un grito o una onomatopeya que exige un cuerpo de letra más grande, el texto ha sido subrayado para remarcar ese mayor peso visual.

El dibujo también muestra secretos que nos suelen estar velados. Ibáñez empieza perfilando la imagen de las viñetas con un esbozo para colocar personajes y objetos. Fijémonos bien y veremos que debajo del lápiz más oscuro –ese que muestra el dibujo más acabado– asoma un dibujo primitivo que prefigura lo que vendrá después. Esas primeras líneas son como puntos cardinales que sirven para trazar el dibujo final con la garantía de que al terminar todo cabrá en la viñeta. Eso lo vemos en la página 20 de la historieta, publicada en la 44 de este álbum. La página más emotiva de todas. La más íntima. La que nos sobrecoge porque la desnudez de su dibujo nos recuerda que es la última, aunque no debería haberlo sido.

Es imposible no contemplar esta página con una fuerte emoción. Tampoco es posible no quedar atrapado por su belleza pura y sin artificios. La belleza del trazo inmediato, del movimiento rápido de la mano del dibujante. Estas viñetas son la sombra de unas viñetas que nunca llegarán a ser y, sin embargo, contienen todo el dinamismo propio de Ibáñez. Cuántos dibujantes no lograrán jamás, tras horas de trabajo, ni la mitad de la vivacidad que hay en estos trazos someros.

Vemos a Filemón con el trasero escaldado y a Mortadelo que acude con un taburete para que descanse. Como tantas veces en las historietas de Ibáñez, un gesto bienintencionado tendrá consecuencias fatales. La tercera viñeta muestra la expresión de dolor de Filemón al sentarse: sus ojos, su boca, sus piernas retorcidas. Luego aparece el faquir, con turbante y pies descalzos –cuando se sabe dibujar se puede decir mucho con muy poco, esta viñeta lo demuestra–, y tras un breve diálogo, la sexta viñeta marca el desenlace de la acción: Mortadelo levanta a su jefe del taburete y descubre –con horror– que lo acaba de sentar sobre unos clavos. En la séptima viñeta, Filemón persigue con sus posaderas aún más irritadas y una espada en la boca a un Mortadelo disfrazado de rana. Es el último disfraz que le enfundó Ibáñez. Imposible no sentir otra punzada de emoción ante esta huida final de Mortadelo, quien mira a su jefe con el rabillo del ojo mientras, a buen seguro, suelta alguna mala excusa para justificarse.

En las aventuras de Ibáñez los percances duran poco y por eso en la siguiente viñeta los personajes ya vuelven a tener su indumentaria habitual y están listos para empezar otra escena que nunca sabremos cómo se habría desarrollado. Esta es la última viñeta que dibujó Ibáñez. Una viñeta que apenas se insinúa y que, sin embargo, es puro movimiento. Mortadelo ha visto u oído algo y se frena en seco con su pierna izquierda, dejando una nubecilla provocada por el roce del zapato. La pierna derecha se dobla replegándose sobre sí misma, como si no quisiera avanzar ni un milímetro más. El frenazo de Mortadelo hace que Filemón, detrás suyo, se pare también y deje el brazo izquierdo colgando hacia atrás. Es probable que uno de los brazos de Mortadelo hubiera acabado sobre el pecho de Filemón, frenándole, pues su torso doblado parece indicar que le están presionando sobre el tórax.

Así acaba para siempre esta historia. Pero esto no es un final. Pese a la emoción que sentimos, pese a que hayamos llegado hasta aquí con el corazón encogido, no debemos ver esa viñeta como un final. En su forma inacabada este dibujo nos indica que es una viñeta *que nace*. Y siempre será una viñeta naciendo. Veámosla, pues, como el inicio de algo, también. Y ese algo tiene que ver con nuestra relación con la obra de Ibáñez a partir de ahora. Francisco Ibáñez nos regaló una obra extensa y variada, ahora somos nosotros, sus lectores, quienes debemos corresponderle y mantenerla viva. Debemos leerla, editarla y estudiarla sabiendo que es una obra cerrada pero inagotable. Esta es la nueva aventura que empieza ahora y tenemos un papel en ella. Volvamos a su obra, volvamos a leerla, volvamos a reír con el humor de sus gags y hagamos que nuestras risas se conviertan en el mejor de los homenajes. ●

Las aventuras largas de Mortadelo y Filemón

El sulfato atómico (1969)
Contra el "gang" del chicharrón (1969)
Safari callejero (1970)
Valor y... ¡al toro! (1970)
El caso del bacalao (1970)
Chapeau el "esmirriau" (1970/1971)
La máquina del cambiazo (1971)
La caja de los diez cerrojos (1971)
Magín el mago (1971)
¡A la caza del cuadro! (1971)
Los inventos del profesor Bacterio (1972)
Gatolandia 76 (1972)
Operación ¡bomba! (1972)
Los diamantes de la gran duquesa (1972)
El otro "yo" del profesor Bacterio (1973)
Los monstruos (1973)
El elixir de la vida (1973)
El circo (1973)
El antídoto (1973)
Los invasores (1974)
Los cacharros majaretas (1974)
A las armas (1974)
El plano de Alí-gusa-no (1974)
Pánico en el zoo (1975)
Concurso oposición (1975)
Los mercenarios (1975)
Objetivo eliminar al "Rana" (1976)
Misión de perros (1976)
Los secuestradores (1976)
La gallina de los huevos de oro (1976)
El caso del calcetín (1976)
El brujo (1977)
¡Soborno! (1977)
Los guardaespaldas (1977)
Mundial 78 (1978)
Los gamberros (1978)
Contrabando (1978)
La máquina de copiar gente (1978)
Los bomberos (1979)
El transformador metabólico (1979)
¡A por el niño! (1979)
La gente de Vicente (1979)
Secuestro aéreo (1979)
Moscú 80 (1980)
La elasticina (1980)
Los kilociclos asesinos (1980)
Ladrones de coches (1980)
Lo que el viento se dejó (1980)
La brigada bichera (1981)
Tete Cohete (1981)
Mundial 82 (1981)
Mundial 82 bis (1981)
El caso de los señores pequeñitos (1981)
En Alemania (1982)
El balón catastrófico (1982)
Billy el "horrendo" (1982)
Hay un traidor en la T.I.A. (1983)
El bacilón (1983)
El ascenso (1983)
La estatua de la libertad (1984)
Testigo de cargo (1984)
Los Ángeles 84 (1984)
El cacao espacial (1984-1985)
El preboste de seguridad (1985)
El cochecito leré (1985)
¡Terroristas! (1987)
El huerto siniestro (1988)
El estropicio meteorológico (1988)
Seúl 88 (1988)
La perra de las galaxias (1988)
Los sobrinetes (1988)
Los superpoderes (1988-1989)
Las tacillas volantes (1988-1989)
La cochinadita nuclear (1989)
Armas con bicho (1989)
La maldición gitana (1989)
El candidato (1989)
La Gomeztroika (1989)
El ansia de poder (1989)
Va la T.I.A. y se pone al día (1989)
El profeta Jeremías (1989-1990)
El premio No-vel (1990)
El rescate botarate (1990)
El gran sarao (1990)
Los espantajomanes (1990)
El Inspector General (1990)
El atasco de influencias (1990)
Los que volvieron de "Allá" (1991)
La crisis del golfo (1991)
Barcelona 92 (1991)
El caso del señor-probeta (1991)
La tergiversicina (1991)
Las embajadas chifladas (1991)
El racista (1991)
El quinto centenario (1991-1992)
El S.O.E. (1992)
El 35 aniversario (1992)
El señor todoquisque (1992-1993)
Maastricht... Jesús (1993)
El nuevo cate (1993)
Robots bestiajos (1993)
Clínicas antibirria (1994)
Dinosaurios (1994)
La ruta del yerbajo (1994)
Mundial 94 (1994)
El pinchazo telefónico (1994)
¡Pesadillaaa...! (1994)
Corrupción a mogollón (1994)
Timazo al canto (1995)
Animalada (1995)
20.000 leguas de viaje sibilino (1996)
¡Silencio, se rueda! (1996)
El disfraz, cosa falaz (1996)
La prensa cardiovascular (1996)
El jurado popular (1996)
El ángel de la guarda (1996)
Atlanta 96 (1996)
100 años de cómic (1996)
¡Desastre! (1997)
Expediente J (1997)
El trastomóvil (1997)
¡Bye bye, Hong Kong! (1997)
Esos kilitos malditos (1997)
Los verdes (1997)
Las vacas chaladas (1997)
Mundial 98 (1998)
La banda de los guiris (1998)
Su vida privada (1998)
¡Deportes de espanto! (1998)
El espeluznante doctor Bíchez (1998)
El óscar del moro (1999)
La maldita maquinita (1999)
El Tirano (1999)
La M.I.E.R. (1999)
Impeachment! (1999)
De los ochenta p'arriba... (1999)
Siglo XX, ¡qué progreso! (1999)
Sydney 2000 (2000)
La Vuelta (2000)
La sirenita (2000)
Fórmula 1 (2000)
La rehabilitación esa (2001)
Los vikingos (2001)
¡Llegó el euro! (2001)
¡Okupas! (2002)
El ordenador... ¡qué horror! (2002)
Mundial 2002 (2002)
¡Mascotas! (2002)
¡Misión Triunfo! (2002)
¡El estrellato! (2002)
Parque de atracciones (2003)
El UVA (Ultraloca Velocidad Automotora) (2003)
Rapto tremendo (2004)
Atenas 2004 (2004)
El Señor de los Ladrillos (2004)
Mortadelo de la Mancha (2005)
Prohibido fumar (2005)
El carnet al punto (2005)
El kamikaze Regúlez (2006)
Mundial 2006 (2006)
¡Bajo el bramido del trueno! (2006)
El dopaje... ¡qué potaje! (2007)
Euro Basket 2007 (2007)
¡... Y van 50 tacos! (2007)
¡Venganza cincuentona! (2008)
¡El Dos de Mayo! (2008)
Pekín 2008 (2008)
Gasolina... ¡la ruina! (2008)
¡En la Luna! 2009)
¡Por Isis, llegó la crisis! (2009)
Nuestro antepasado, el mico (2009)
La Gripe "U" (2009)
Mundial 2010 (2010)
Marrullería en la alcaldía. 2010)
Chernobil... ¡qué cuchitril! (2010)
¡A reciclar se ha dicho! (2011)
Jubilación... ¡a los noventa! (2011)
La bombilla... ¡chao, chiquilla! (2012)
Londres 2012 (2012)
¡Espías! (2012)
El coche eléctrico (2013)
¡Broommm! (2013)
La litrona... ¡vaya mona! (2013)
Mundial 2014 (2014)
¡Tijeretazo! (2014)
Contra Jimmy el "Cachondo" (2014)
El Tesorero (2015)
¡Miseria, la bacteria! (2015)
Río 2016 (2015)
Sueldecitos más bien bajitos (2015)
¡Elecciones! (2015)
El capo se escapa (2016)
¡Drones matones! (2017)
El 60.º Aniversario (2017)
Mundial 2018 (2018)
Por el Olimpo ese (2018)
Urgencias del hospital... ¡fatal! (2018)
Da Vinci, el Pintamona... Lisa (2019)
Mundial de Baloncesto 2019 (2019)
¡Felices fiestas! (2019)
Tokio 2020 (2019)
Misterio en el hipermercado (2019)
El cambio climático (2020)
Misión por España (2020)
La vuelta al mundo (2021)
Mundial 2022 (2022)
Mundial de Baloncesto 2023 (2023)
París 2024 (2024)